U0034481

*James Allen*

*James Allen*

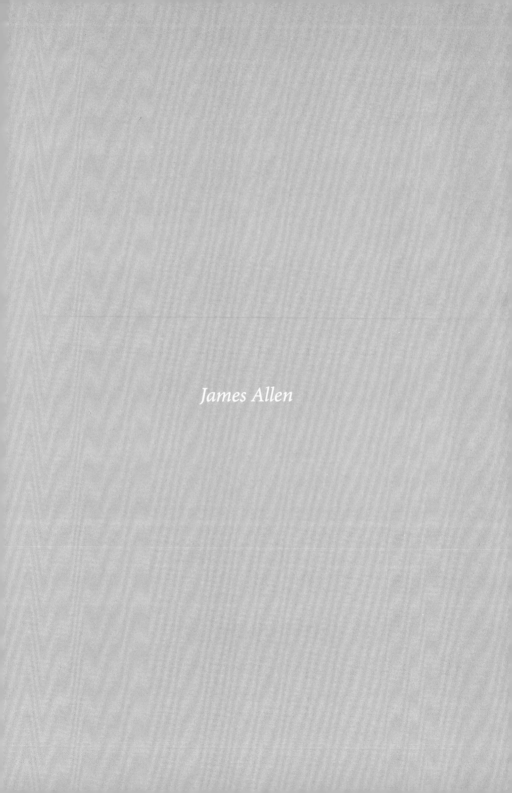

# 每一次因果，都是人生最好的練習

Foundation Stones to Happiness and Success

## 成為自己生命的主人

詹姆斯・艾倫 James Allen／著
蕭寶森／譯

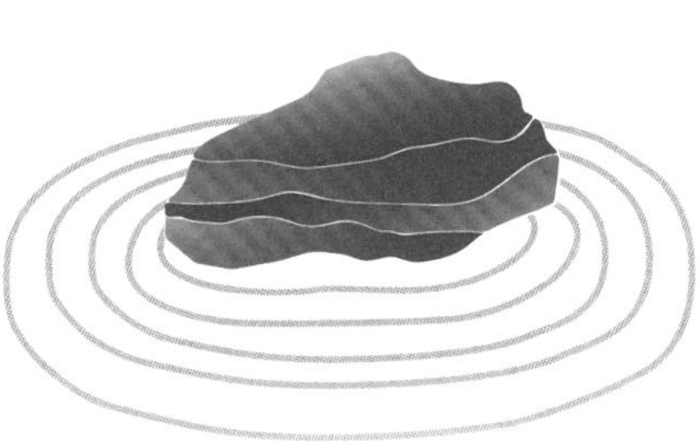

*James Allen*
*02*

# 每一次因果，都是人生最好的練習
## 成為自己生命的主人


原書書名　Foundation Stones to Happiness and Success
作　　者　詹姆斯・艾倫（James Allen）
譯　　者　蕭寶森
封面設計　林淑慧
特約美編　李緹瀅
特約文編　曾雅蘭
主　　編　高煜婷
總 編 輯　林許文二

出　　版　柿子文化事業有限公司
地　　址　11677臺北市羅斯福路五段158號2樓
業務專線　（02）89314903#15
讀者專線　（02）89314903#9
傳　　真　（02）29319207
郵撥帳號　19822651柿子文化事業有限公司
投稿信箱　editor@persimmonbooks.com.tw
服務信箱　service@persimmonbooks.com.tw

業務行政　鄭淑娟、陳顯中

初版一刷　2021年10月
　　二刷　2021年10月
定　　價　新臺幣260元
I S B N　978-986-5496-00-5





國家圖書館出版品預行編目(CIP)資料

每一次因果，都是人生最好的練習：成為自己生命的主人／詹姆斯・艾倫（James Allen）著；蕭寶森譯. -- 一版. -- 臺北市：柿子文化，2021.10
面；　公分. --（James Allen；02）
譯自：Foundation Stones to Happiness and Success

ISBN 978-986-5496-00-5(平裝)

1.修身 2.生活指導

192.1　　110003334

# 好評推薦

## 具名強推

**許峰源（法羽老師）**，律師&《積善》作者

## 各界迴響

**宇色**，靈修暨塔羅牌作家&華人網路心靈電台主持人

閱讀《每一次因果，都是人生最好的練習》書稿那一刻起，我深切地感受到作者詹姆斯．艾倫的睿智與對生命的洞見。

生活於二十一世紀的我，每日從外界所接收到的資訊已經超前百年前的人們無數倍，我的心已經習慣投射身外追逐世間，相對地失去了調節內在感知與傾聽生命的能力。

如此態度也導致我們在行走靈性道途上，錯誤地以為高深理論、複雜難懂的教義才是「宇宙真相」，殊不知，恪守本分即是圓滿，只是眾人往往因其過於簡樸而輕忽它內蘊之深厚。這是此書的核心，也是詹姆斯．艾倫傳遞的生命實相。

《每一次因果，都是人生最好的練習》沒有生澀難懂的字詞，也沒有晦昧不明的理論，乍讀詹姆斯．艾倫所教導的觀念，或許你內心會升起：這不是人人皆知的道理嗎？幾經細嚼，你的深層意識會莫名升起一股強大收攝之力，自然地排除身外雜訊與干擾，內心走入寧靜之中，當生命迷惘失焦之時閱讀此書，尤其能見證其神奇之處。

被譽為「人類文壇最閃亮的鑽石之一」的詹姆斯．艾倫，他從來不寫理論，也不為寫作而寫。他流傳於世間的智慧，皆來自於浩瀚的宇宙訊息（包含此書）；他的文字，有著實證生命的力量。

我建議正在閱讀本書的你：書中文字相當簡單，切勿急就章地快速翻閱，以每日一章節的速度閱讀它，你將承接詹姆斯・艾倫百年前看穿生命實相的智慧，體悟「圓滿源自於不僭妄尺度」之奧義！

**安一心**，華人網路心靈電台共同創辦人

簡單，是這本書的特色。

書中的一句話或一段文字，看起來非常的簡單有條理，卻富於重要的本質，蘊藏著深遠的意義，非常地容易就讓人想要遵循著當中的道理。

順著《每一次因果，都是人生最好的練習》的章節，心中的雜念也會跟著一一被梳理，然後輕輕躍上美好人生。

我喜歡這本書，也推薦給大家。

**徐慧玲**，聆韵企業管理顧問有限公司共同創辦人

當「愛自己與做自己」逐漸成為一種生活態度，你也許早就知道，做生命的主人是重要的事情，但你知道要如何開始第一步嗎？

過上理想生活，聽來很簡單，執行起來卻不容易，詹姆斯・艾倫引導我們直面內心，遵循五大行為守則——負責、誠實、節約、慷慨與節制，擁抱真實的自我，透過合宜的行動，建立幸福的思維。

今年二十六歲的我，和先生一起經營教育訓練的事業，同時也是個雙寶媽媽，回想剛懷上第一胎的時候，因為體質的關係，醫生建議我全心待產。然而，因為失去自我價值，渴望透過其他人生角色，證明我還是個有用的人，整整一年九個月的時間，我不斷勉強自己、忽視情緒，最後弄巧成拙，傷害身邊最親近的人——當時的我，就像個走錯棚的演員，用差強人意的演技，說著不精確的台詞。

三年多的時間過去了，經過無數次的修正，現在的我，已經從走錯棚的演

員，成為擁有最終決定權的導演，學會和過去的自己說聲「對不起」，以及「謝謝妳」。

如同詹姆斯．艾倫教會我的：「請如實看待生命中的各種事件。」要相信，所做的每一個決定，都不會辜負自己，也許要在很久的未來，才能明白它們帶來的體悟，但也因為這些養分，讓我成為此刻的自己。

我想，每個人早就已經擁有貼近內在的力量，只是還不清楚該怎麼運用而已。別擔心，詹姆斯．艾倫給了你一把鑰匙，用貼切樸實的文字，轉譯專業的心靈術語，如果你願意開啟這段改變旅程，現在，就請為了自己打開這扇閱讀之門。

**陳盈君**，諮商心理師／左西人文空間創辦人

將生命根本的五項法則之智慧落實，確實做到，就可遠離生活中的諸多煩惱與失敗，並培養能夠導向持久成功的心態。

有條理的生活帶來力量，在生活中體現宇宙次序，善意行動必須合乎真理、只說真實的語言、中正持平方得平靜安詳。

閱讀詹姆斯・艾倫的智慧話語，就像是享受入睡前的一杯茶。第一口感受到淡淡的香氣，簡單的道理進入（頭腦看起來就是個很有道理的文字）。文字的力量迴盪著，同步共振心的漣漪，持續發酵著。一覺醒來後，又忍不著拿起文稿再次閱讀。再喝第二口茶，讓這生命最簡單但又如此深刻的道理，再次進入內在。閱讀著文字，內在一直點頭，是的、是的、是的，真的是這樣呀！

簡單的道理，往往力道最深。我想，詹姆斯・艾倫的這本書，就是如此。可以閱讀很多次，每次的體會與獲得都有所不同。

**鄭俊德**，「閱讀人」社群主編

人生短暫，不到百年，一生的勞碌與成就，彷如過眼雲煙，沒多久都將被人遺忘，唯一被人記住的是「善」，因為曾被祝福的人會持續把善傳下去。

# 媒體好評

詹姆斯．艾倫的著作能夠幫助世人在內心尋找成功、快樂，是真理之源。他的作品賦予了療傷解痛、帶來幸福的使命，並且觸動人們的心靈。

——美國《哈潑月刊》

詹姆斯．艾倫的作品充滿超凡的智慧和人類的終極思考，這與他的歸隱者清貧生活有關，這種生活狀態讓一位偉大哲人的思想得以迸發和留存。

——《出版週刊》

詹姆斯．艾倫的作品多探討人類精神世界如何從貧瘠走向富足，這一直是人之所以為人的畢生課題。

——《洛杉磯時報》

若說人倫法則和常識，也許常人沒有不懂，但在行為中確實常人無法完全遵守，才導致一代又一代人的精神困惑，而艾倫的作品正是啟迪人們時刻要遵循這些常識和法則的哲學巨人。

——《紐約週刊》

適用於所有想走向富足和實現夢想的人們，但前提是按照詹姆斯．艾倫所提倡的道德法則，這是正道。

——《華盛頓郵報》

詹姆斯．艾倫的作品是需要時刻閱讀的經典，是行事的指南，而非臨時抱佛腳的作品。

——《泰晤士報》

Contents

/編者序/

# 幸福安詳之道

這是詹姆斯・艾倫所寫的MSS系列的最後一本書，這本書一如他其餘的作品，非常具有實用性。

他從不撰寫理論性的東西，也不會為了寫作而寫作、為了出書而出書（他已經著作等身了）。

他寫作的目的，是在傳達他想要傳達的訊息。

而且，這些訊息都是他曾經身體力行並且確信有益於人的道理。

因此——

**書中所言都是他曾經親身驗證的「事實」**。

如果你能將書中的道理徹底的落實於日常生活中，不僅可以擁有快樂與成功的人生，還能過著幸福、滿足與安詳的生活。

莉莉・艾倫（Lily L. Allen）[1]

英格蘭伊爾弗勒科姆鎮（Ilfracombe，又稱Bryngoleu）

[1] 莉莉・艾倫是本書作者詹姆斯・艾倫的妻子，本名為莉莉・露易莎・奧拉姆（Lily Louisa Oram）。

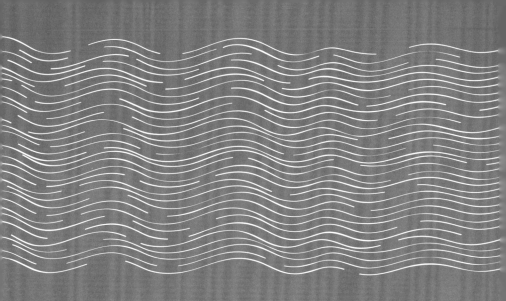

/前言/

# 圓滿生命的藍圖

# 一

個人要如何開始建造房子？首先，他必須有一張建築藍圖，然後從地基開始，切實依照藍圖上的設計動工。

如果沒有一開始就擬定一份精確的藍圖，他的心血最終將會付諸流水，因為他所建造的房子即便真的完工了，住起來也不安全，因此毫無用處可言。

這個道理適用於所有重要的工作。

我們做事時，必須有一個正確的開始，也就是說，**我們的腦海中必須有一張明確的藍圖**，這是首要之務。

大自然無法忍受草率馬虎的創造物，它會消滅混亂的事物，或者應該說：**混亂的事物必然會自行毀壞**。

**做事永遠要有條有理、步驟明確、目標清楚。**

凡是忽略這些要點的人，他的計畫必然無法實現，做事也不可能徹底，自然無法擁有快樂、成功的人生。

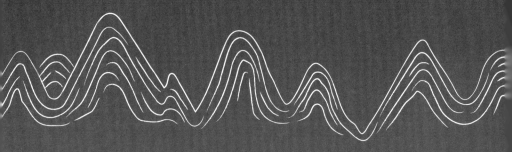

/ Chapter 1 /

# 生命根本之法

萬事萬物都是由少數幾個簡單的基本原理所組成，
但是沒有這些基本原理，
就不會有知識，
也不會有成就。
真正的生命，也是由幾個簡單的基本法則所構成……

**聰明人**知道什麼事情應該優先去做。如果從中間或結尾做起，一定會把事情搞砸。

運動員若一開始就衝破終點線，便不可能獲獎。

他必須先站在起跑線上面對著發令員，即便如此，他如果要贏得比賽，還是必須有一個好的開始。

學生並非一開始就學習代數和文學，而是先學計數和ABC。因此，在實際生活中，那些從基層做起的生意人所獲得的成就比較持久；那些願意放下身段，耐心的跟在師父身邊，從事卑賤的工作、不自命清高且明白**人世種種經驗都是修行功課**的靈修人士，才能夠到達靈性與智慧的高峰。

## 萬事萬物的基本法則

一個人如果想過健全的生活——也就是真正快樂、成功的生活——首要之務莫過於把握正確的原則。

如果一開始未能把握正確的原則，實行的方向就會偏差，最後生活就會變得混亂、悲慘。

商業界和科學界使用的許許多多、各式各樣的計算方法全來自十個阿拉伯數字，記錄人類的思想與才華的千百萬冊文學作品全由二十六個字母所組成。

無論多麼偉大的天文學家，都不能忽視那十個簡單的阿拉伯數字；再有才華的文人，也不能不用到那二十六個簡單的字母。

萬事萬物都是由少數幾個簡單的基本原理所組成，但沒有這些基本原理，就不會有知識，也不會有成就。

**真正的生命也是由幾個簡單的基本法則所構成。**

一個人如果能夠徹底了解這些基本法則，並學習如何將它們貫徹在日常生活中，就不會困惑慌亂，同時也可以奠定堅實的基礎，讓自己能漸次養成不屈不撓的性格，並獲致恆久的成就。

一個人如果能在人們無數錯綜複雜的行為中洞悉這些法則運作的模式，他就可以**成為自己生命的主人**。

## 五大行為守則

生命最根本的法則便是行為的守則。

這些守則並不多，而且都是大家經常掛在嘴邊的字眼。

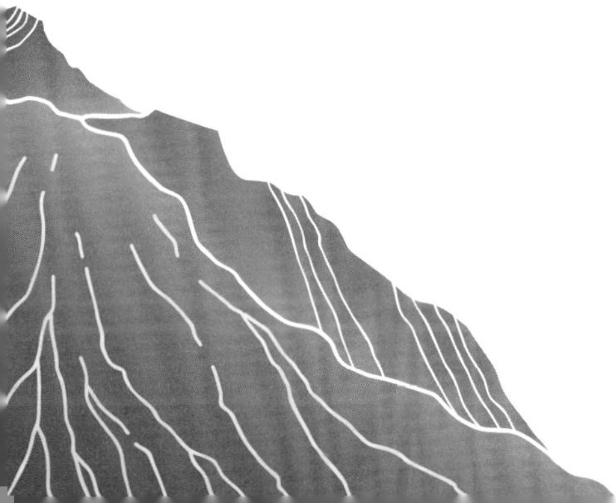

只不過，很少人嚴謹確實的依照這些原則行事。

在此，我將只談論其中的五項。

它們雖然是最簡單的，但卻最貼近我們的日常生活，與士、農、工、商都密切相關，**無論忽略其中任何一項，都將付出很大的代價**，但如果能切實做到，就可遠離生活中的諸多煩惱與失敗，並培養能夠導向持久成功的心態。

## 負責

第一項原則是：負責。

我知道這個字眼聽起來很老套，只要能切實做到，將會對你大有裨益。

所謂的「負責」，意味著：切實承擔自己應負的責任，但不要干涉別人的事情——

**老是指點別人該如何做事的人最容易把自己的工作搞砸。**

此外，「負責」也意味著：把全部的心思放在眼前的工作上，將它做得徹底、確實而且有效率。

**每個人所負的責任都不太相同，人人都應該清楚自己的責任，不要花太多心思去管別人該做什麼。**

責任雖然因人而異，但原則是一樣的。世上有哪個人真的盡到了自己應盡的責任呢？

## 誠實

第二項守則是誠實，這意味著不欺騙別人、也不敲別人竹槓。

所謂的「誠實」，就是**無論在言語、神情或姿態上都不欺瞞別人或耍任何花招——**

**也就是真誠待人、實話實說、心口如一，不卑躬屈膝，也不刻意討好。**

一個人如果能夠誠信處世，就能建立良好的信譽，有了良好的信譽，生意自然蒸蒸日上，如此實實在在得來的成就，將會帶給人很大的喜悅。

世上有哪個人已經完全做到了這點呢？

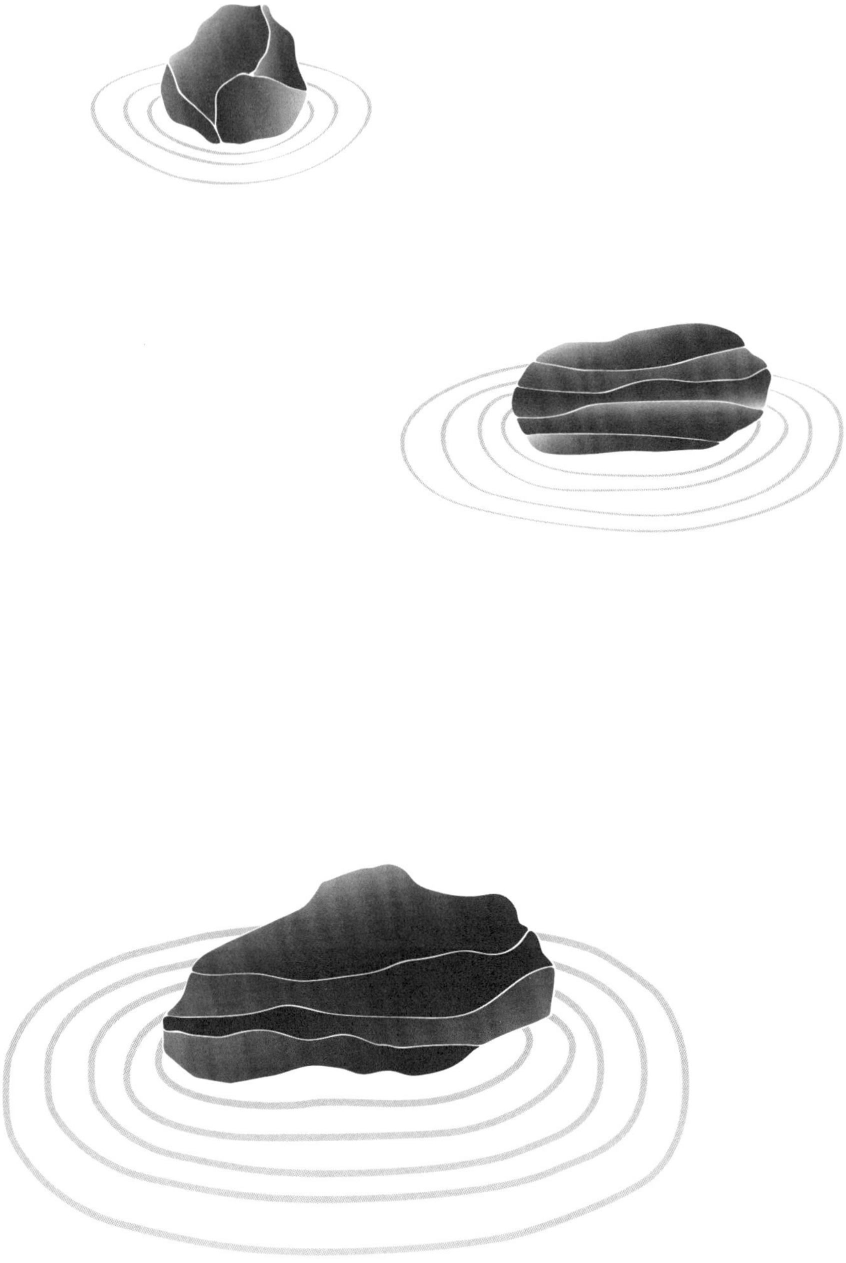

## 節約

第三項守則是節約。

真正的節約並不只是財富上的儉省，也包括體力和心智上的節制，即——**設法保存自己的能量**，不放縱自己，也不沉迷感官享受，以避免耗掉自己的精力。

唯有如此，一個人才會有體力、耐力、能力與足夠的警覺性去達成他所追求的目標。

**真正懂得「節約」的人將會具有非常強大的力量**。

世上有哪一個人能夠真正做到這點呢？

## 慷慨

懂得節約的人自然就會慷慨，兩者並不衝突，**唯有力行節約者才能慷慨待人**，揮霍無度的人，往往浪費了大量金錢、體力或心智去追求他們那些可悲的享樂，因而沒有餘裕幫助他人。

「慷慨」所指的遠不只是金錢上的施捨，還包括思想和行為上的佈施、對別人表達同情和善意、寬容地對待你的對手與那些中傷你的人。

這類的舉動會造成長遠的良性影響，使你能結交到親密的朋友與忠誠的夥伴，讓你不致孤單絕望。

世上有哪一個人已經充分做到了這點？

## 自制

自制是五項守則中的最後一項，但卻是最重要的一項。

**人們之所以會遭遇各種痛苦、失敗，或是在金錢、身體與心靈上受到種種傷害，往往是因為他們無法自制。**

舉例來說，商人若動輒為了細故，就對顧客大發雷霆，他的生意註定不會成功。

如果人人都能稍稍自我克制，就不會被怒火所吞噬，能夠自我克制的人都是有耐心、品格純潔、溫和、仁慈而堅定的人，但這些特質都需要慢慢培養，並非一蹴可幾。而一個人除非真正具備這些特質，否則他的品格就不算穩定，成就也不容易持久。

在哪裡可以找到能夠完全自我克制的人呢？

這樣的人無論在哪裡，都將是自我命運的主宰。

## 知行合一

這五項守則，既是五種做法、五條通往成功的大道，也是獲取知識的五把鑰匙。

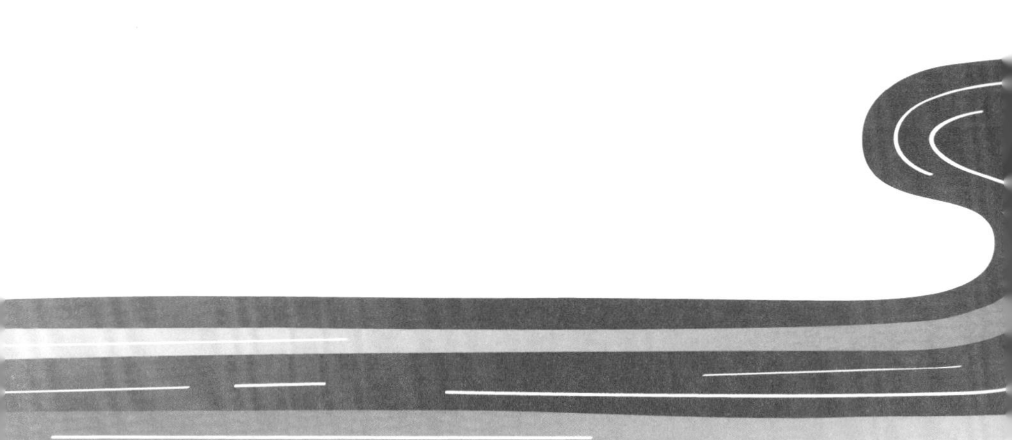

俗話說得好：「熟能生巧。」

要獲得蘊含在這五項守則當中的智慧，不能光說不練，必須將它們牢記於心，並且**透過自己的行動加以實踐**，才能了解它們的真義，並享受它們所帶來的好處。

## 自修

- 生命最根本的法則是行為的守則，如果能切實做到，就可遠離生活中的諸多煩惱與失敗，並培養能夠導向持久成功的心態。
- 切實承擔自己應負的責任，把全部的心思放在眼前的工作上，不要干涉別人的事情。
- 無論在言語、神情或姿態上都不欺瞞別人或耍任何花招。
- 對物質要有所節制，還要設法保存自己的能量。
- 要懂得金錢、思想和行為等方面的佈施，對別人表達同情和善意、寬容地對待你的對手與那些中傷你的人。
- 要練習自我克制，才能成為有耐心、品格純潔、溫和、仁慈而堅定的人。

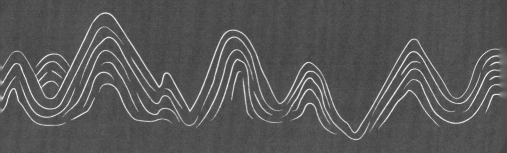

/ Chapter 2 /

# 有條理的生命才是真生命

真正的條理，

並非只是井然有序的安排生活中的有形事物和對外的關係，

它還包括心靈上的調整，

也就是——

情感上的節制、言辭的克制與斟酌、思考的邏輯及正確行動的選擇。

一**個人**如果能夠真正理解並實踐前述的五項原則，自然就會生出「適切的條理」。

正確的原則表現在和諧的行動中，條理之於生命就像自然定律之於宇宙。

在宇宙中，到處可以看到天地萬物彼此調適、和諧共存的現象。

「宇宙」之所以異於「渾沌」，便在於它是對稱而和諧的。

## 虛幻與真實

因此，就人類的生命而言，真正的生命（即目標清楚、充滿力量的生命）與虛假的生命（即沒有目標、軟弱無力的生命）之間的差異，便在於——條理的有無。

如果你有想法、有熱情、有行動，但生活卻雜亂無章，行事也沒有條理，你所過的只是虛幻的生命。

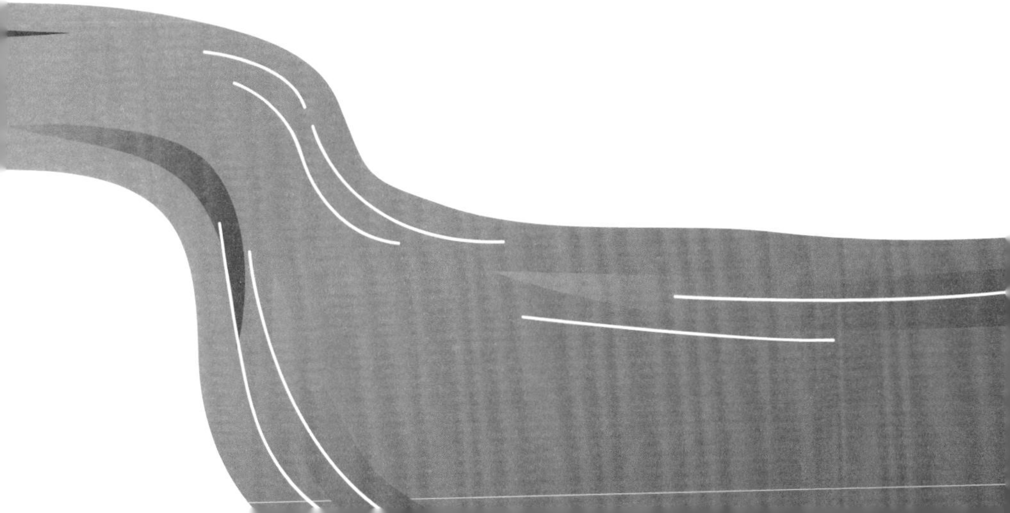

**唯有經過適切的調節，井然有序的生命才是真正的生命。**

兩者間的差異就像是一堆木料和一架運作順暢而有效率的機器。

一架運作得很好的機器不僅有其用途，本身也是一個令人讚嘆、具有吸引力的物品。

不過，一旦它的零件全都失常且無法被重新調整時，它就變得毫無用處、魅力盡失，會被丟進廢物堆裡。

生命也是同樣的道理。

一個人如果在各方面都經過適切的調節，處於效率的巔峰，他的生命不僅充滿力量，也是出色而具有美感的；相反的，一個人如果任由自己的生命一團混亂、矛盾不諧，他就是在浪費自己的能量，這是很可悲的一件事。

## 生命是宇宙秩序的體現

一個人如果要過著真正的生活，就必須有條有理的處理日常生活的大小事務，一如我們所隸屬的這個奧妙的宇宙一般秩序井然。

聰明人和愚人之間的一個主要差異便是——

聰明的人非常地注重細節，愚昧的人則總是草率馬虎，甚至是完全不在意細節。

所謂「智慧」是：**能讓各種事物維持適當的關係，讓大大小小的事情都在適當的時間待在合適的地方**，破壞秩序會造成混亂與爭端，而爭端勢必會帶來痛苦。

精明的生意人都知道，一個企業如果有了良好的制度，就成功了一大半，如果混亂無序，就註定會失敗。

智者明白一個人如果能過著有紀律、有條理的生活，他距離快樂就已經不遠，如果放蕩散漫，一定會嚐到苦果。

那些思慮不周、行事魯莽、生活放蕩的人不是傻子是什麼呢？

那些思考周密、行事冷靜、生活嚴謹的人，豈非有智慧的人？

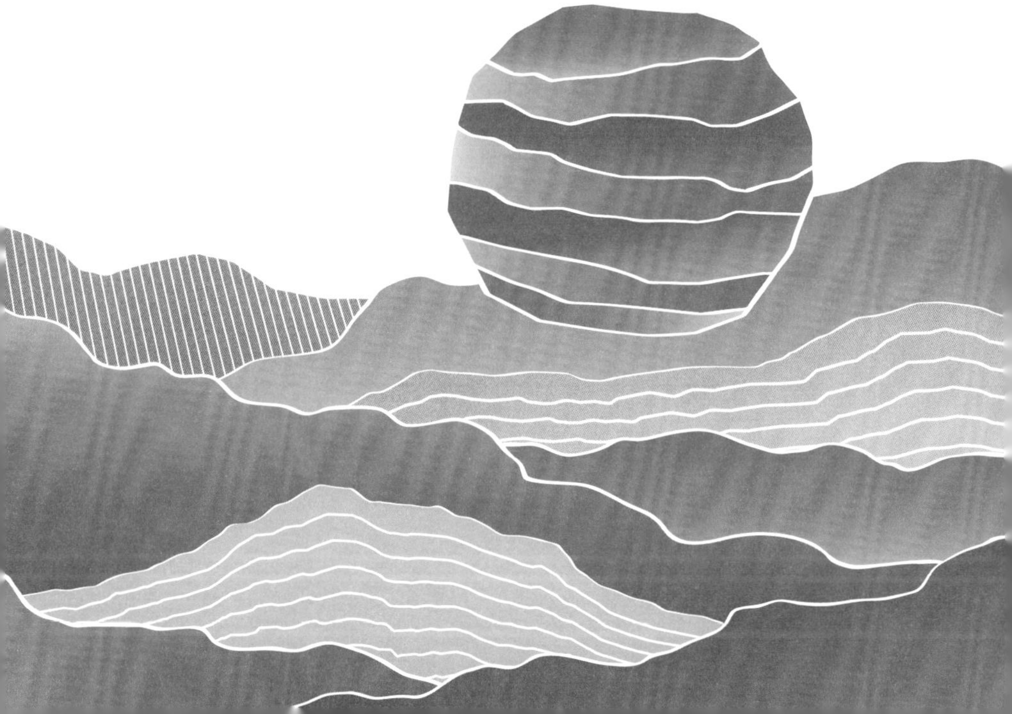

真正的條理，並非只是井然有序的安排生活中的有形事物和對外的關係。

**這不過是一個開始而已。**

真正的條理，還包括心靈上的調整，也就是情感上的節制、言辭的克制與斟酌、思考的邏輯，以及正確行動的選擇。

一個人要擁有健全、成功而美好的人生，在生活上就必須有條有理，不能輕忽日常的瑣事，而要一絲不苟、慎重以待。

每天要定時起床、就寢，作息要規律，睡眠的時間也要適當。

如果你三餐定時、細嚼慢嚥，自然就會消化良好、心情愉悅，做起事來也會得心應手；如果你三餐不定時、狼吞虎嚥，就會消化不良，人也會變得急躁易怒，做起事來自然處處碰壁。

之所以會這樣，是因為用餐的時間和態度不僅會影響人的生理層面，也會影響心理層面。

此外，工作和玩樂的時間必須有適當的區分。日常工作的所有細節，以及何時該獨處、何時該安靜思考、何時該採取行動、何時該吃飯、何時該禁食等，都要安排得井井有條。

一個人若要在日常生活中避免摩擦，並得到最大的效益、影響力與喜悅，就必須將這些事情一一安排妥當，讓它們各得其所。

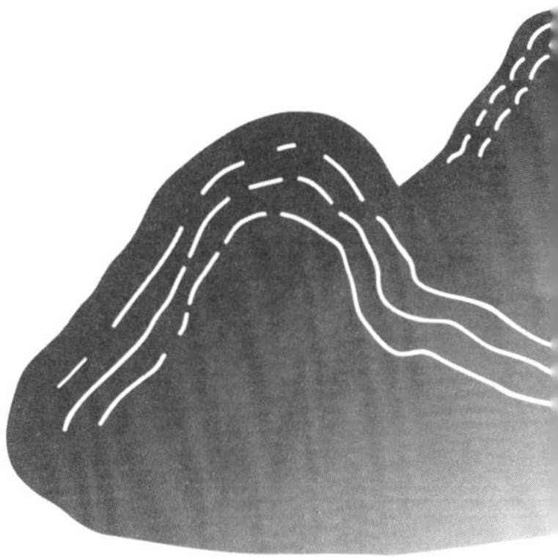

然而，**這只是一個開始**。

如果我們能進一步將這樣的條理延伸到自己的語言、行動、思想和欲望上，我們就會從愚昧中生出智慧，由軟弱變得剛強。

當一個人能夠如此這般讓自己的心靈條理井然，讓其中的各部分都能運作得美好而和諧時，他就能擁有無上的智慧、效率與幸福。

**這是最終的境界**。

一個人要達到這般的境界，必須從頭開始，循序漸進。

他必須將生活中的大小細節都安排得合理且順暢，一步步實現他的目標。

每走一步，他都會獲得一定程度的力量與喜悅。

## 條理帶來力量和喜悅

總而言之，有條有理，生活才會順暢，也才會有力量、有效率。

**讓自己的心靈有條有理，便是紀律**，這會讓人冷靜從容，力量與快樂也會隨之而來。

按照規則工作便是條理；按照規則生活便是紀律。

然而，工作和生活並非兩回事，而是品格（和生活）的兩個面向。

因此，工作要有條有理，不要草率馬虎；言語要精確，不要含糊；思想要合於邏輯，不要一團混亂。前者是美妙的旋律，後者是嘈雜的噪音；前者會帶來成功與快樂，後者則會招致失敗與不幸。

健全的條理生活（包括工作、行動與思想）便能為健康、成功和心靈的平安奠定穩固的基礎。

一個人如果條理不夠分明，他所奠定的基礎就不夠穩固，即便表面上看起來正常，仍然會帶來恐懼與不安，當失敗終於降臨時，後果將會非常嚴重。

# 自修

就人類的生命而言，真正的生命與虛假的生命之間的差異，便在於條理的有無。

一個人若要過著真正的生活，首先就必須有條有理的處理日常生活的大小事務。接著，還要讓自己的心靈條理井然，讓其中的各部分都能運作得美好而和諧，如此，他就能擁有無上的智慧、效率與幸福。

工作要有條有理，不要草率馬虎；言語要精確，不要含糊；思想要合於邏輯，不要一團混亂。

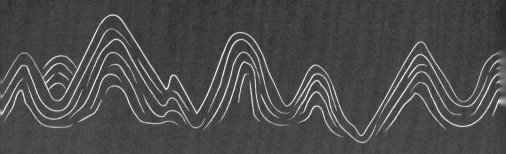

/ Chapter 3 /

# 你的善意行動必須合乎真理

唯有合乎真理的行動，
才能為周遭之人帶來幸福，
明白這個道理的人，
即便被勸告或懇求不要這麼做，
他還是會勇往直前。

**在有了正確的原則和適切的條理後**，隨之而來的便是**合宜的行動**。

一個人如果努力掌握正確的原則，行事也有條有理，他很快就會發現——
他不能忽略行動的細節。

事實上，他會發現：這些細節本質各不相同，也因此具有很重要的意義。

當他能夠察覺並了解行動的本質和它們所具有的影響力時，他就會愈來愈有洞察力。

當他具備了這樣的洞察力時，他進步的速度就會愈來愈快，人生的道路會更穩健，日子也會愈來愈安寧……。

他會用真誠而直接的態度來處理所有的事情，不因外力而動搖或煩惱。

這並不是說他毫不關心周遭人們的福祉（這完全是另外一回事）。

或許我們應該這樣說：他並不在意他們的想法、他們的無知與衝動。

事實上，**所謂「合宜的行動」指的是適當的對待他人。**

一個能夠採取「合宜的行動」的人明白：唯有合乎真理的行動才能為周遭之人帶來幸福。因此，即便他身邊的人勸告或懇求他不要這麼做，他還是會勇往直前。

## 內在之眼

要分辨行動是否恰當，藉以避免不合宜的行動、採取合宜的行動，其實並不難。

在物質世界中，我們會根據形狀、顏色和大小來加以區分各種事物，選擇我們所需要的，放棄我們用不到的。同樣的，在行動方面我們也能夠根據行動的本質、目的和效用來區分好的行動和不好的行動，並選擇、採取好的行動。

無論學習任何事物，我們如果要進步，就必須先避開壞的，而後才能了解並接納好的。

這其實就像學童在做功課那樣，你必須反覆的告訴他哪裡做錯了，他才能做對。

如果一個人不知道什麼是錯的，也不知道如何加以避免，他怎能知道什麼是對的、該如何做才對？

所謂「不好的行動」或「不合宜的行動」，就是一個人只顧自己的快樂、不顧他人的福祉，或是在心情激動、意圖不良時，又或者他不能將所作所為公諸於世，以免產生後患的情況下所採取的行動。

所謂「好的行動」或「合宜的行動」則是在顧及他人、心情平靜、充滿理性、符合道德原則，或在事情曝光後不會讓自己蒙羞的情況下所做出的事情。

當一個人決心採取「合宜的行動」時，他會避免為了追求一己的享樂或滿足個人的私慾而從事一些會使他人惱怒或痛苦的事——

**無論這些事看起來多麼微不足道。**

在放棄這類自私、不義的行為後，他才會明白何謂無私無我、合乎義理的舉動。

他會避免在生氣、忌妒或怨恨的情況下說話或行動，並且學習如何克制情緒，等到自己恢復平靜後才採取行動。

最重要的是，他會避免為了自己的利益而去欺騙、玩弄別人，或者說一些口是心非的話——

其實這就像他不會去喝致命的毒藥一般，因為這類花招遲早會曝光，並且使他蒙羞。

一個人如果想做某件事，但這件事不能讓別人知道，而且在面對別人的詰問也無法坦然的為自己辯解時，他就應該明白——

這是一件不正當的事，應當毫不猶豫的放棄。

## 輕率之罪

一個人如果能夠誠信不欺，他做事時自然也會深思熟慮，不會涉及他人的欺騙行為。

他在簽署文件、以口頭或書面方式與他人達成協議或是應他人（尤其是陌生人）之請參與某項活動前，會先行探究事情的本質，在明白事情的原委後，他就會確切知道應該怎麼做，並且完全清楚自己的行動會造成什麼影響。

對於這樣的人，**輕率大意乃是一種罪過，因為有許許多多出自善意的行動最後之所以導致悲慘的後果，正是因為行事輕率大意、有欠考量。**

俗語說得好：「通往地獄之路，皆由善意所鋪成。」一個人若要採取合宜

的行動，首要之務便是深思熟慮，一如經書所言：「你們要靈巧像蛇，馴良像鴿子。」❷

世上有許多人行事都有欠考量，一個人唯有讓自己的思慮日益周密，才能逐漸了解行動的本質。

也唯有如此，他的所作所為才會永遠正確合宜。

一個人如果思慮縝密，絕不會做出愚蠢的事，**深思熟慮就是一種智慧**。

當你想要採取某個行動時，不能光是出自善意，還必須多方考量，唯有如此，你所採取的行動才會合乎義理，一個人如果想要永不後悔，並且能持續影響他人，他的所作所為就必須恰當合宜。

如果一個人因為思慮不周而讓自己捲入了別人所做的壞事，卻辯稱：「我完全是出自一番好意。」這只不過是一個很差勁的藉口罷了，他所嚐到的苦頭應該會讓他將來做事時多想一想。

## 辨是非

唯有明辨是非的人才能採取恰當合宜的行動。

2《馬太福音》第10章第16至17節：「我差你們去，如同羊進入狼羣；所以你們要靈巧像蛇，馴良像鴿子。你們要防備人，因為他們要把你們交給公會，也要在會堂裡鞭打你們（節錄）。」意指即使進入狼群（險惡的社會）也要使自己保有羊的單純與鴿子的馴良，同時要擁有蛇的智慧，能看穿魔鬼的陷阱、保護自己。

當一個人學習如何分辨是非並從中做出抉擇時，他就是在修煉並提升自己的心靈，使它變得更加和諧得宜，也更有效率和力量。

當他具備了這樣的「內在之眼」，可以在日常生活中清楚分辨什麼事情該做，並且有足夠的信心和知識將它付諸實行時，他將會發現——

他的品格和生命已經奠基於穩固的岩石上，不會受到失敗的強風與迫害的暴雨斲傷。

# 自修

- 適當的對待他人。
- 根據行動的本質、目的和效用來區分好的行動和不好的行動，並選擇、採取好的行動。
- 合宜的行動奠基於深思熟慮，避免你的善意使人通往地獄之路——一個人若想要永不後悔，並能持續影響他人，他的所作所為就必須恰當合宜。
- 學習分辨是非並從中做出抉擇，就是在修煉並提升自己的心靈。

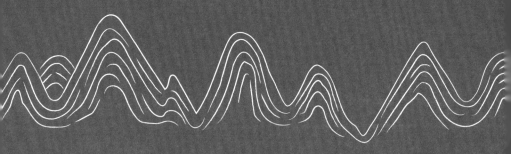

/ Chapter 4 /

# 真實之口

一個人所說的話語顯示出他的心靈狀況，
也是他最終受到審判的依據，
正如同——
要憑你的話定你為義，
也要憑你的話定你有罪。

**唯有**透過實踐，才能認識真理。

如果做人不真誠，就無法知曉真理為何物；做人要真誠，第一步便是**講說真實的言語**。

真理的美好以及單純，在於捨棄了所有不真實的事物，而擁抱了那些真實的事物。

正因為如此，一個人如果要依照真理生活，首先要遵守的基本原則之一，就是——

講說真實的言語。

唯有棄絕所有虛假不實、意圖欺騙、誹謗他人、道人是非的話語，我們的心靈才能得到啟迪。

那些滿口謊言、刻意中傷他人的靈魂，已經迷失在深深的黑暗中，以致無法辨別善惡與是非。

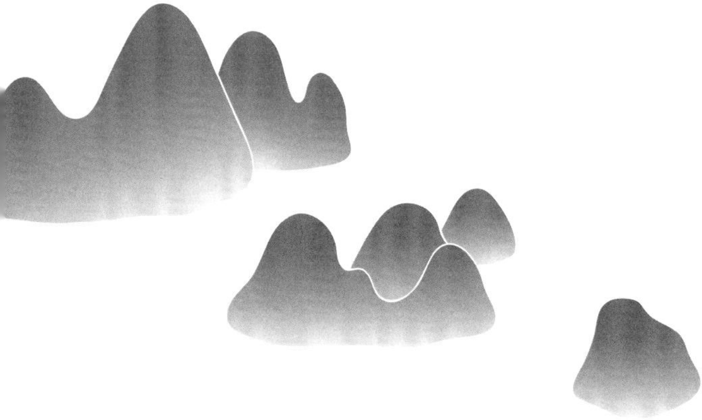

而且，他往往會這麼說服自己——

他之所以這麼做，是為了保護自己和他人，這是一種必要的行為，沒有什麼不對。

那些一心想要修習「更高層次的事物」的人應該觀照自己，不要落入「自我欺騙」的陷阱。

**如果他經常欺騙或詆毀別人，如果他的言辭虛偽或懷著忌妒、惡意，他的學習之路就尚未開始。**

或許他已經在研究形而上學、各種神蹟、超自然現象或星象學，或是正在學習與靈界溝通、在睡夢中靈魂出竅或如何擁有特異功能，甚至可能也在研讀有關靈性的道理和書籍，但如果他經常欺騙別人或在背後中傷別人，他將永遠無法進入更高層次的生命。

這是因為——

所謂的「更高層次的事物」，指的其實就是：正直、真誠、天真、純潔、仁慈、溫和、忠誠、謙虛、耐心、憐憫、同情、自我犧牲、喜悅、善意，以及愛。

**那些想要學習、認識並擁有這些德性（更高層次事物）的人，都必須身體力行才可以。**

除此之外，別無他法。

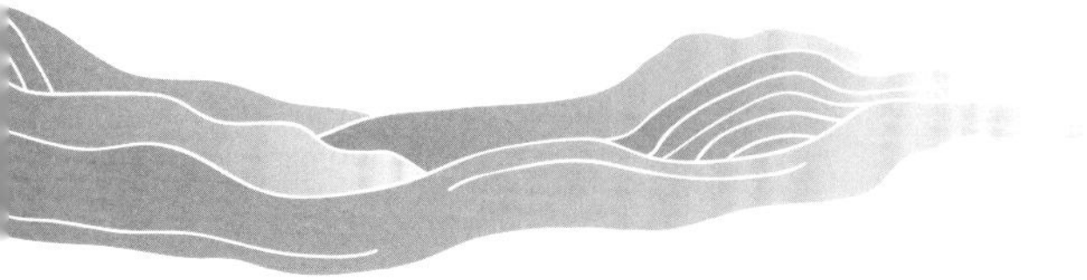

# 語言的力量

說謊和誹謗，是人在靈性上仍然處於極度無明狀態的一種表現。

一個人如果有這類的行為，便不可能在靈性上有所開悟，這是因為它們是自私與仇恨的產物。

誹謗近似說謊，但更不容易為人所察覺，因為這種行為經常是出自憤怒。

而且，由於誹謗的話語聽起來更接近事實，因此，有許多通常不會刻意說謊的人，也會在不知不覺之間做出誹謗他人的事情。

誹謗分成兩個部分——

一個是說人壞話、詆毀他人，一個是聆聽惡言並受其影響。

誹謗者如果沒有聽眾就起不了任何作用，惡言惡語需要有人聆聽並接納，才能滋長傳布；因此，聆聽誹謗他人品格和名譽的言語、信以為真，並因此受到影響而對被誹謗者懷有惡感的人，就和那些捏造或散播惡言的人沒有兩樣。

**說人壞話是積極的誹謗，聆聽惡言則是消極的毀謗，兩者是共同散播罪惡的推手。**

誹謗是很常見的惡行，它源自無知，而後便在暗處逐漸蔓延滋長，而且通常是因誤解而起。

舉例來說——

某人因為自覺受到不公平的對待，在憤怒怨恨之餘，便以激烈的言語向朋友或他人發洩情緒，並且誇大對方的過錯。

聽者同情他的處境，在未曾聽到另一方說詞的情況下，便採信了他的片面之詞，對另一方不懷好感，接著便轉述那些言語。

由於這類轉述難免會失真，於是，不久之後，一個已經受到扭曲、完全不符事實的說法便在眾人的口耳之間傳開來了。

誹謗的惡行之所以能夠造成如此多的痛苦與傷害，是因為它極為普遍。

誹謗的言語之所以能夠產生致命的效果，是因為有許多人很容易便受到影響，因而對某位原本受他們尊敬的人士產生厭惡感。

不過，這些人並非刻意為惡，他們是因為沒有意識到事件的邪惡本質，才會誤入陷阱。

然而，誹謗的言語只能對那些尚未完全養成說真話的美德的人產生作用。

一個人如果尚未能夠完全戒掉散播惡言或相信他人惡言的習氣，當他聽說有關他自身的惡言時，必定會怒火中燒、心情焦躁、夜不成眠。

此時，他會以為他的痛苦全都是由別人的言語所造成，殊不知，**他痛苦的根源其實在於他本身很容易相信有關別人的惡言**。

那些已經養成說真話的美德、絕不聽信誹毀謗之言的有德之士，並不會因為自身受到誹謗而痛苦或煩惱。

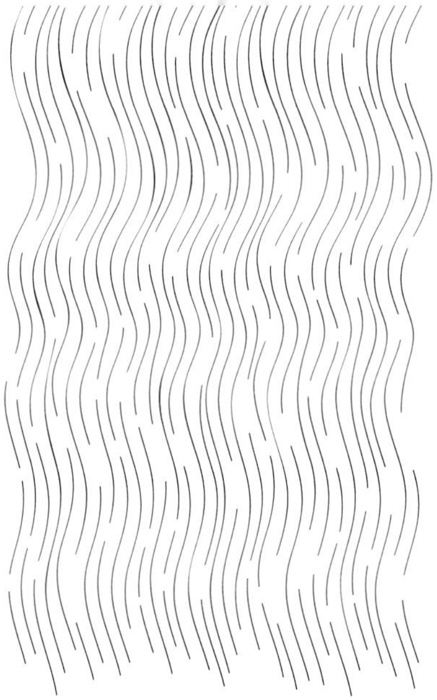

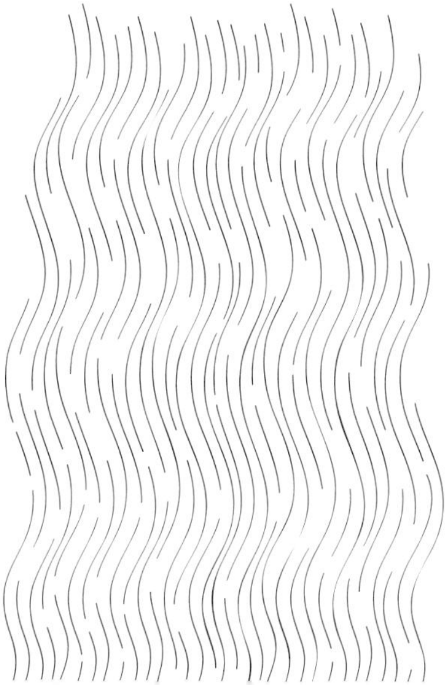

即便在那些輕易聽信讒言的人心中，他的名譽可能會暫時受到損害，但他的操守與品格並不會因此而出現瑕疵。這是因為——

**一個人的人品只會被自己所做過的壞事所玷污，絕對不會因為他人的惡行而蒙塵。**

因此，他雖然備受誤解、侮辱與謾罵，也不會因此而痛苦煩惱，更不會意圖報復。他仍舊睡得安穩，過得平靜。

## 真誠帶來心靈安定

要成為一個心思純潔、處事明智並且有條有理的人，第一步就是說真話。

一個人如果想要過純淨的生活，要減輕世上的罪惡與痛苦，就應該棄絕任何虛假不實、誹謗他人的念頭與言語——

任何話語，只要有一絲虛假不實的地方，他都應該加以避免。

這是因為：那些半真半假的言語比任何謊言或惡語都要來得更加致命。

除此之外，他也應該避免聆聽誹謗他人的言語，以免成為共犯。

於此同時，他也應該要憐憫那口出誹謗之言的人，因為後者正為自己招來痛苦與不安——

**撒謊之人無法體會說真話的快樂，而誹謗他人者也無法得著平安。**

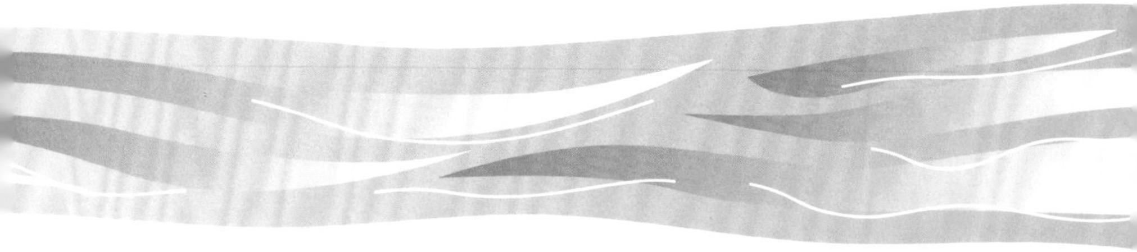

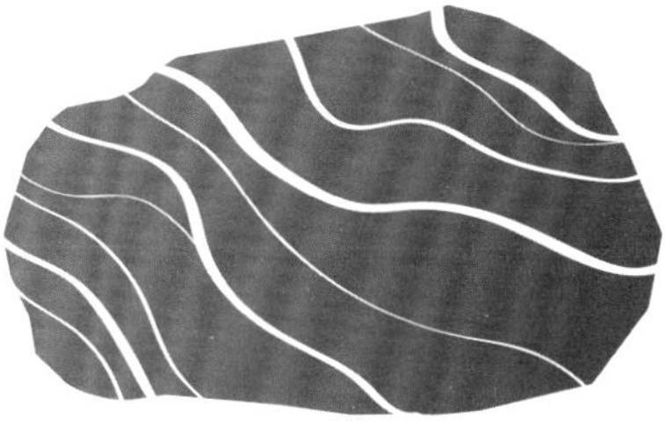

一個人所說的話語顯示出他的心靈狀況，也是他最終受到審判的依據，因為正如基督教世界的聖主所言——

「要憑你的話定你為義，也要憑你的話定你有罪。」❸

❸《馬太福音》第12章第33至37節：「你們或以為樹好，果子也好；樹壞，果子也壞；因為看果子就可以知道樹。毒蛇的種類！你們既是惡人，怎能說出好話來呢？因為心裡所充滿的，口裡就說出來。善人從他心裡所存的善就發出善來；惡人從他心裡所存的惡就發出惡來。我又告訴你們，凡人所說的閒話，當審判的日子，必要句句供出來；因為要憑你的話定你為義，也要憑你的話定你有罪。」意指行為良善之人，自然不會口出惡言。

## 自修

- 講真實的語言，棄絕所有虛假不實、意圖欺騙、誹謗他人，或是道人是非的話語。
- 戒掉聆聽或相信誹謗他人的言語、散播惡言的習氣。
- 任何話語，只要有一絲虛假不實之處，都應該加以避免——半真半假的言語比任何謊言或惡語都更加致命。
- 對那些口出誹謗之言的人懷抱憐憫。

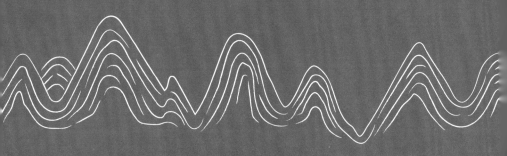

/ Chapter 5 /

# 安住中道

超脫私慾會讓你心思清靜，
心思清靜會讓你毫無偏見、看清事實，
當你能夠毫無偏見、看清事實，
你便能夠中正持平、不偏不倚……

**能做到中正持平**，心思就會平靜安詳，這是因為——一個人若任由自己的心境受外境干擾而失去平衡，就無法平靜安詳。

有智慧的人冷靜沉著，遇到任何事情都不疾不徐、面不改色，也不會有先入為主的成見。

他不會感情用事，也沒有特定的立場，而且心安理得、與世無爭；他不偏袒任何一方，也不會為自己辯解，但他會試著同理所有的人。

## 偏見造就無明

凡是有特定立場的人都堅信：他自己的意見和他所屬的那一方都是對的，和他們對立的人都是錯的，並因而認為他們的想法毫無可取之處。

他總是急著抨擊別人或為自己辯解，因而不知道心平氣和為何物。

一個中立持平、不偏不倚的人會自我觀照，看看自己的心中是否有任何過激的想法或先入為主的成見，並試圖加以超越。

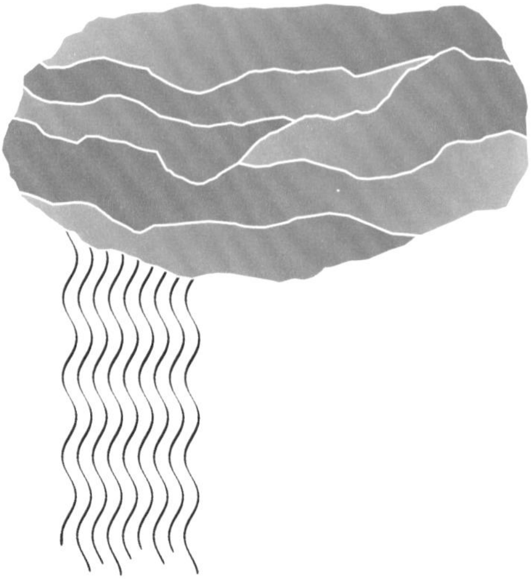

如此，他才能站在別人的角度，去了解他們的立場和心態。

當他能理解別人的想法時，就會明白他實在沒有必要去譴責他們或與他們對立。這時，他心中便會生出一種神聖的大愛，對所有努力生存並且受苦受難的人都懷著一份悲憫之情。

當一個人受到激情和偏見的左右時，他的心靈是**盲目的**。

他只看得到自己陣營的好處以及對方陣營的不是，無法如實的看到事物的原貌，甚至連自己也看不清楚。

由於他不了解自己，自然也無法了解別人，只是認為他理所當然的應該譴責他們。

於是，他對那些和他立場不同並反過來譴責他的人生出一股無明的仇恨。

在這種情況下，他便和那些人漸行漸遠，並且把自己關進了一個狹隘的、由自身一手打造的刑房。

## 中正而無執

一個人如果處事能夠持平中正、不偏不倚，就能過著美好平靜的生活，好事也會從各方接踵而來。

他會憑著自己的智慧避開那些通往仇恨、悲傷和痛苦的道路，而走上通往愛、和平與幸福的康莊大道。

他不會被日常的事件所困擾，也不會因那些必然降臨在所有人身上、卻被世人視為不幸的遭遇而感到悲傷。

他不會因成功而沾沾自喜，也不會因失敗而垂頭喪氣。

他會如實的看待發生在他生命中的各種事件，因此他不會因為自己的願望實現而感到懊悔，也不會因為期望落空而感到失望。

然則，要如何做到中正持平、不偏不倚呢？

唯有超脫自己的私慾、讓自己的心思變得清澈純淨。

這是因為心思清靜會讓你毫無偏見、看清事實。

當你能夠毫無偏見、看清事實，你便能夠中正持平、不偏不倚；當你能夠中正持平、不偏不倚，你便能夠心平氣和、心安理得。

心思不夠純淨的人勢必會被激情的浪濤所淹沒，但心思純淨的人就能夠將自己導入可以休憩的港灣。

**愚昧之人往往急著發表自己的意見，聰明人只管做自己該做的事。**

# 自修

時時自我觀照，看看心中是否有任何過激的想法或先入為主的成見，並加以超越。

多站在別人的角度，去了解他們的立場和心態。

要超脫自己的私慾，要讓自己的心思變得清澈純淨。

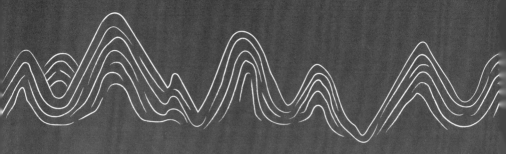

/ Chapter 6 /

# 起好因，造好緣

我們的苦難和喜悅都源自我們的內心，
只要你能夠改變內心的想法，
外在的事件就不再會讓你悲傷痛苦；
只要你讓自己的心思純淨，
萬事萬物在你眼中都將是純淨的，
所有發生在你身上的事情，
也都是美好而有意義的。

**生命中發生的事情**有許多並非出自我們直接的選擇，我們通常認為這類事件純屬偶然，毫無原因，與我們的意志和性格無關。

因此，我們會說有人「運氣好」，有人「運氣不好」，意思就是——那些好運不是他們該得的，那些壞運也不是他們造成的。

然而，如果我們做更深入的思考，看得更清楚一些，就會知道——

**凡事都有原因，而因與果總是彼此牽動、互相關連。**

因此，與我們切身相關的每一件事情都和我們本身的意志和性格有密切的關係。

事實上，這些事情都是「果」，與存在於我們的意識中的「因」有關。

簡而言之——

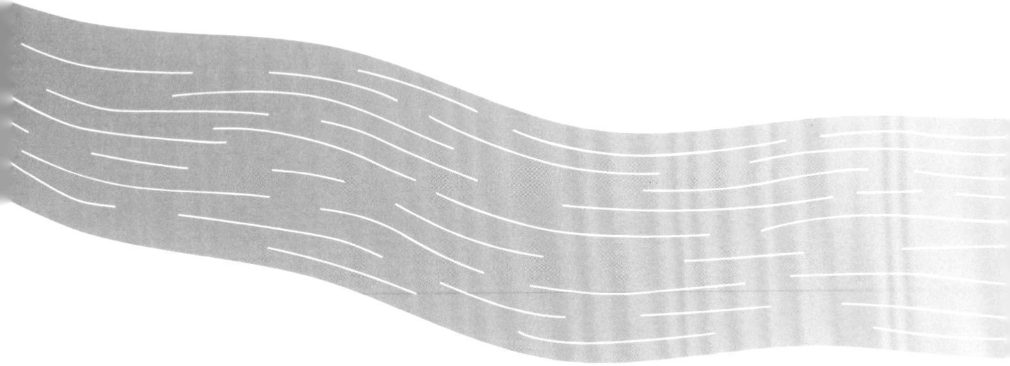

**生命中那些由不得我們作主的事件，其實是我們本身的思想和行為所造成的「果」。**

我承認，這樣的因果關係表面上並不明顯。

不過，世上有哪一個基本法則是顯而易見的呢？

即便在物質世界，我們也必須透過思考、研究和實驗，才能發現一個物質原子和另一個物質原子連結的法則。

因此，我們自然也必須透過思考、研究和實驗，才能察覺並了解那連結兩種心靈狀態的法則——當一個人能夠採取「合宜的行動」時，他自然就會有所領悟，並了解這些法則是如何運作的。

# 一念之間

俗話說：「要怎麼收穫，先那麼栽。」

那些**發生在我們身上的事情雖然並非出自我們的選擇，但卻是我們本身所造成的**。

酒鬼之所以會出現震顫性譫妄或精神失常的現象，並非出自他的選擇，但這卻是他的行為所造成的後果。

當然，這只是一個顯而易見的例子。

即便是在不這麼明顯的地方，這樣的法則仍然適用。

我們的苦難和喜悅都源自我們的內心，只要你能夠改變內心的想法，外在的事件就不再會讓你悲傷痛苦。

只要你讓自己的心思純淨，萬事萬物在你眼中都將是純淨的，所有發生在你身上的事情，也都是美好而有意義的。

「解脫之道要在自己的內心尋求，
人的牢獄皆由自身打造。
人人都擁有君王般的權力，
無論在天上、人間，
或者是地下；
無論任何生靈；
禍福皆取決於行動。」

我們的想法會決定我們的生活是好是壞、是自由或受束縛。

這是因為**思想決定行動，行動則帶來相應的結果**。

我們無法如盜賊一般攫取良好的成果，並坐享其成，但我們可以在自己的內心啟動善因，以結出善果。

人們往往苦苦追求財富、快樂與智慧卻無法如願，但在此同時，他們卻眼見別人似乎毫不費力即擁有這一切，殊不知他們之所以徒勞無功，無法實現自己的願望，是因為他們自身所種下的因使然。

每一個生命都是由「因」與「果」、「努力」與「收穫」緊密交織而成，唯有做出正向的努力，才能有美好的收穫。

一個人如果能夠根據正確的原則，建立適切的條理，採取合宜的行動，自然會得到美好的成果——**無須苦苦追求**。

他將滿懷歡欣、心安理得的享受他自身行動所結出的果實。

「要怎麼收穫，先那麼栽。」

這個道理很簡單，但人們卻往往無法了解與接受。

有一個「智者」曾經告訴我們：「黑暗之子在興盛的時期比光明之子更加聰明。」4

在物質世界中，有誰會指望在自己未曾播種並耕作的土地上收割糧食呢？

又有誰會指望在他播撒裨子的田地上收割小麥，而且一旦無法如願就啼哭、抱怨呢？

然而，人在精神世界——包括心靈與行為——中的表現卻就是如此。

他們做了壞事，卻指望能夠得到好報，當他們終於嚐到苦果的時候，卻又因此而灰心絕望，哀嘆自己命苦，抱怨命運不公。

4 應源自《路加福音》第16章第8節，原文為：「今世之子，在世事之上，較比光明之子更加聰明（for the children of this world are in their generation wiser than the children of light.）。」該章節描述耶穌為門徒說了一個故事：一個管家被主人發現失職，因為主人調查之後，管家一定會被辭退，為了幫自己留後路，管家便找來欠主人債的人，原本欠一百簍油的人讓他寫五十簍、一百石麥子的人寫八十石，用賣人情的方式讓受過他恩惠的人不得不幫助他。主人得知了之後，便（單就自保的這個舉動）誇讚管家精明。耶穌舉這個例子是要告訴門徒，連今世之子都知道抓住機會為自己取得好處，光明之子雖不如今世之子處事精明，但也該把握每個機會、為自己累積在天上的財寶。

而且，他們通常會認為這全是別人的過錯——無論如何都不肯承認那些惡果可能是由他們自身的想法和行為所造成。

## 靜好自在

那些正在尋求正確生命的基本法則，以便讓自己變得幸福又有智慧的人們（也就是「光明之子」），也必須嚴格訓練自己在思想和言行上恪遵此一因果法則，不得稍有違背——

正如同一個人在耕作庭園的時候會恪遵「要怎麼收穫，先那麼栽」的法則一般。

他對這樣的法則毫不懷疑。

因為他明白它確實存在，因此他會據以行事，這是他憑著本能所展現出來的智慧。

人們在耕耘自己心中的庭園時，如果也能展現這般的智慧，充分體認行為與後果之間的因果關係，並對此深信不疑，他們自然會做出能為世人帶來幸福與安康之事。

正如同人們在物質的世界要遵守物質的法則，追求靈性的人也要遵守靈性的法則。

這是因為——

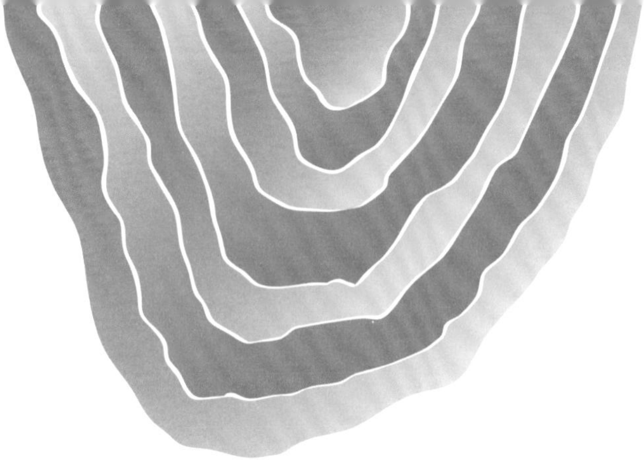

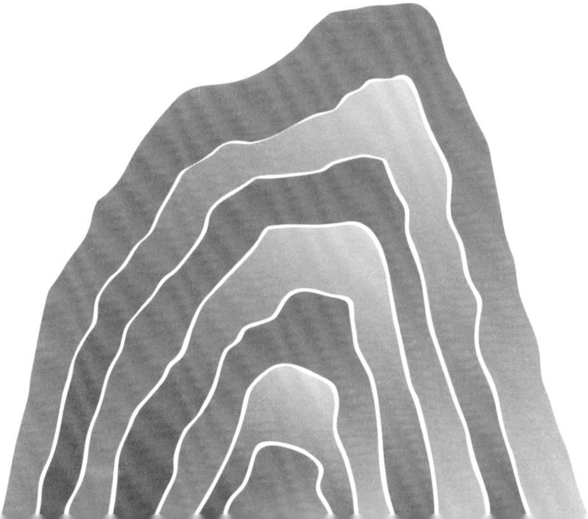

**物質的法則和靈性的法則毫無二致，它們是一體的兩面**，是同一個法則朝著相反的方向顯化的結果。

我們如果依照正確的原則行事，種下善因，就不可能結出惡果。

我們做事時如果遵循適切的條理，我們的生命網絡就不可能有任何劣質的絲線，我們的人格殿堂也不會蘊含任何易碎的磚石以致搖晃不穩。

我們如果採取合宜的行動，最終必然能產生美好的結果。因為如果說「善因可能會導致惡果」，那就像是在說「種下玉米可能會長出蕁麻」一般。

一個人如果一生都依照本書所簡述的道德原則行事，便能洞悉世事、平靜從容，並因而得以永遠快樂無憂。

他會在適當的時節努力耕耘，而且成果無不美好。

他或許無法成為富豪——事實上，他也無意如此——但是他將過得心安理得、平靜安詳。

屆時，**真正的成功對他而言便唾手可得。**

# 自修

要怎麼收穫，先那麼栽。

從自己的內心尋求解脫之道——我們的想法會決定我們的生活是好是壞、是自由或受束縛。

根據正確的原則，建立適切的條理，採取合宜的行動。

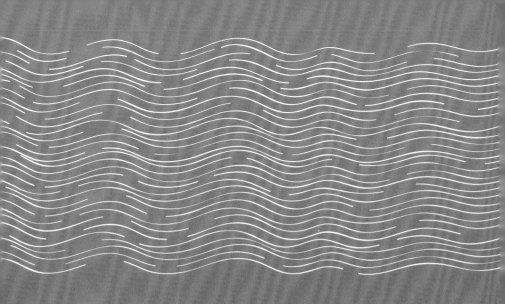

/ 附錄 /

# 詹姆斯．艾倫

詹姆斯·艾倫是一位哲學思想家，一八六四年十一月二十八日出生於英國萊斯特（Leicester），他最著名的作品——《你的思想決定業力》，自一九〇三年出版以來，鼓舞啟發了數百萬人，成為歷久不衰的暢銷書籍。

^ ^ ^ ^ ^

艾倫出生於一個工人階級家庭，他的父親威廉是一名織品工廠編織者。一八七九年，英格蘭中部紡織品貿易衰退，威廉獨自前往美國去尋找工作機會，並計畫在那裡為家人建立一個新家園。

豈料，在抵美後的兩天內，威廉便死於紐約市醫院——據信是一起搶劫謀殺案。

由於這起悲劇事件，迫使艾倫在十五歲時就不得不輟學幫助家計。

艾倫曾在多家英國製造公司擔任私人祕書和文具商。一八九三年，艾倫先搬到了倫敦，然後搬到南威爾斯，以新聞報導為生。

在南威爾斯，他遇到了一生的摯愛——莉莉·露易莎·奧拉姆，並於一八九五年與其結婚。

一八九八年，艾倫進入創作時期……

一九〇一年出版了第一本書《從困頓到力量》。

一九〇二年，艾倫開始出版自己的精神雜誌《理智之光》，在他去世後，他妻子將雜誌改名為「大紀元」，繼續出刊。

一九〇三年，詹姆斯・艾倫出版了他最廣為人所知的著作——《你的思想決定業力》（這是他的第三本書），並且遷居到英格蘭西南海岸的伊爾弗勒科姆鎮。

這個度假小鎮有著連綿起伏的丘陵和蜿蜒的小巷，提供了哲學研究所需的安靜氛圍。

他十分喜歡莎士比亞、約翰・彌爾頓、拉爾夫・沃爾多・愛默生、《聖經》、佛陀、華特．惠特曼和老子等人的作品，因此，也常常於自己的作品當中引用。

在這裡，艾倫過著如同他的心靈導師托爾斯泰所描述的清貧、勞動且自律的理想生活。

每天早上，他都很早就起床，接著去攀登凱恩山（Cairn），邊在懸岸邊俯瞰大海，邊反思和冥想。

大約一小時過後，他會回家寫作，將他洞察到的法則或祕密記錄下來，一直到中午。

在下午，他喜歡園藝和玩槌球。

至於夜晚，若有鎮民想與他討論哲學議題，他會欣然與他們交流。

^^^^^

就這樣，艾倫持續每年出版一本以上的書籍，靠著微薄的版稅度過了十年沉思的生活，直到他一九一二年突然去世，總共出版了十九部作品。

就如同他恬靜的生活方式那樣，他離開人世時，也是那麼靜悄悄、沒沒無聞的。

艾倫的兄弟湯馬斯（Thomas）把他火化後的骨灰撒在墓地時說：

「詹姆斯．艾倫的這些灰燼會被投到天堂的四風之中，他所教導的真理也將滲透到地球的四個角落，帶著歡樂、和平與安慰。」

一直到後來，文壇才肯定他的作品既富創造力又鼓舞人心，因而慢慢為人所知。

*James Allen*

*James Allen*

*James Allen*

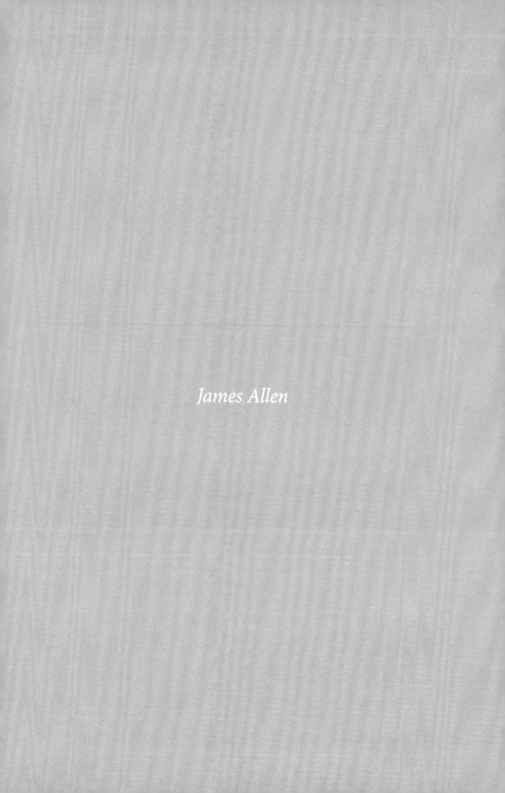